뤼카, 오귀스탱, 알렉상드르, 아드리엥, 마르그리트가
진짜 보물을 찾을 수 있길 바라며!

나의 첫 건강 교실 **2** 위생

왜 깨끗이 씻어야 할까

초판 1쇄 발행 | 2006년 8월 25일
초판 4쇄 발행 | 2014년 4월 1일

지은이 | 프랑수아즈 라스투앵-포주롱
그린이 | 벵자맹 쇼
옮긴이 | 이효숙

펴낸이 | 양철우 펴낸곳 | (주)교학사 등록일 | 1962년 6월 26일 제18-7호
주   소 | 서울특별시 마포구 마포대로14길 4
전   화 | 편집부 (02)7075-328 · 영업부 (02)7075-155 팩스 | (02)7075-330
홈페이지 | www.kyohak.co.kr
편   집 | 김인애, 김길선, 김민령, 김효성
디자인 | 투피피

이 도서의 국립중앙도서관 출판시도서목록(CIP)은
e-CIP 홈페이지(http://www.nl.go.kr/cip.php)에서 이용하실 수 있습니다. (CIP제어번호 : CIP 2006001423)

ISBN 978-89-09-12273-3
ISBN 978-89-09-14622-7 (세트)

LA PROPRETÉ
by Françoise Rastoin-Faugeron

Copyright ⓒ 2002 by Éditions NATHAN / VUEF - Paris, France
Korean Translation Copyright ⓒ 2006 by KYOHAKSA

This Korean edition is published under license from Éditions NATHAN.

이 책의 한국어판 저작권은 Éditions NATHAN와의 독점 계약으로 (주)교학사에 있습니다.
저작권법에 의해 한국 내에서 보호를 받는 저작물이므로 무단 전재와 무단 복제를 금합니다.

나의 첫 건강 교실 **2** 위생

왜 깨끗이 씻어야 할까

프랑수아즈 라스투앵-포주롱 글 | 벵자맹 쇼 그림

교학사

펴내는 글

어린이들은 궁금한 게 참 많습니다. 당장 무엇이든 질문해 보라고 하면 푸른 하늘 너머에는 무엇이 있는지, 왜 나는 이렇게 생겼는지, 왜 우리 집에는 외계인이 안 오는지, 수백 가지도 넘는 질문들을 단숨에 쏟아 낼 것입니다. 하지만 그 중에서 가장 궁금한 것을 골라 보라고 하면 아마도 '우리 몸'과 관련된 질문이 아닐까요?

왜 우리는 밥을 먹고 잠을 자야 할까? 왜 몸을 깨끗이 씻고 병에 걸리지 않도록 조심해야 할까? 우리는 어떻게 보고 듣고 느낄까? 아기는 어떻게 해서 생겨날까? 어떻게 하면 환경을 보호할 수 있을까? 학교는 왜 가야 할까? 왜 운동을 해야 할까?

이런 질문들이 중요한 까닭은, 나의 몸을 제대로 이해하는 것이 세상을 이해하기 위한 첫걸음이기 때문입니다. 또, 나의 몸을 건강하게 돌보는 것이 세상을 건강하게 만들기 위한 첫 번째 조건이기 때문입니다. 더 나아가 나를 둘러싼 세상을 올바르게 아는 것은 나와 우리 가족, 나의 친구들이 건강하게 살아가기 위해 꼭 필요한 일이겠지요.

　'나의 첫 건강 교실'은 어린이들이 자신의 몸과 자신을 둘러싼 세상에 대해 갖는 다양한 궁금증을 풀어 주기 위해 만들어진 시리즈입니다. 건강을 지키기 위해서 꼭 해야 할 일들과, 우리 몸과 우리를 둘러싼 세상에 대해 꼭 알고 있어야 할 일들을 한 권 한 권에 쏙쏙 담아, 보다 건강하고 행복하게 살기 위한 지혜를 일러 줍니다.

　어린 시절의 건강이 평생 건강의 밑바탕이 된다는 점에서, 그리고 어린 시절의 올바른 행동과 습관이 평생을 좌우한다는 점에서 '나의 첫 건강 교실'은 자라나는 어린이들에게 꼭 필요한 책입니다.

　건강한 몸에 건강한 정신이 깃든다는 말은 정말정말 참말이랍니다!

소아과 의사 *프랑수아즈 라스투앵-포주롱*

차 례

피부는 어떤 일을 할까?	12~13
왜 씻어야 할까?	14~15
왜 손을 씻어야 할까?	16~17
왜 머리를 감아야 할까?	18~19
이는 어떻게 날까?	20~21
건강한 이를 가지려면 어떻게 해야 할까?	22~23
튼튼해지려면 어떻게 해야 할까?	24~25
건강의 보물	26~27
알쏭달쏭 미로 여행	28~29
어려운 낱말들 (책 속의 진한 글씨들)	30~31

오늘 아침, 레미와 릴루는 숲 속 동굴 앞에서 친구들을 만났어요.
이자벨 선생님과 함께 보물을 찾으러 가기로 했거든요!
"숲 속에 보물이 감춰져 있단다."
이자벨 선생님은 우리에게 보물 찾는 법을 설명해 주었어요.
"보물을 찾으려면 여러 단계를 거쳐야만 해.
수수께끼도 풀어야 한단다. 내가 너희들에게 말해 줄 수 있는 건,
보물의 이름이 '히기에이아'라는 것뿐이야.
'히기에이아'는 건강과 **위생**의 신이지."
"선생님, 위생이 뭐예요?"
레미가 묻자, 이자벨 선생님이 대답했어요.
"위생이란 건강을 지키기 위해 우리 몸과 주변을 깨끗하게
하는 것을 말한단다. 이제부터 너희들이 배우게 될 것들이지."

"아주 오랜 옛날, 사람들은 동굴에서 살았단다.
동물을 사냥해서 먹고는 그 찌꺼기들을 아무 데나 버렸지.
몸을 어떻게 씻어야 하는지도 몰랐어.
목욕탕도 없고 샤워장도 없었으니까!"
"으, 더러워!"
릴루가 얼굴을 찌푸렸어요.

이자벨 선생님은 계속해서 설명했어요.
"그런데 백 년 전쯤부터 조금씩 바뀌기 시작했어.
사람들은 이제 위생에 많은 신경을 쓰고 있단다.
자, 그럼 보물을 찾으러 가 볼까?
출발! 행운을 빈다, 얘들아!"

피부는 어떤 일을 할까?

피부는 우리 몸을 보호하는 아주 커다란 보호막이야.
세균이 우리 몸 속으로 들어오는 것을 막아 주지.

더울 때는 피부에 있는
땀구멍이 열리면서 **땀**이 흘러나와.
그러면 몸이 시원해진단다.

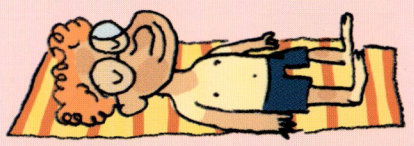

추우면 피부에 난 털들이
곤두서면서 땀구멍을 닫고
열이 빠져 나가지 못하게 막아.
그래서 소름이 돋는 거야.

피부는 햇빛으로부터 몸을 보호하기 위해
멜라닌이라는 색소를 만들어 내.
이 **멜라닌** 때문에 햇빛을 받으면
피부가 검게 그을리는 거란다.

앗, 뜨거워!

피부는 우리가
무엇을 만졌는지 알게 해 줘.

손에 물감을 묻혀서 종이 위에
손바닥과 엄지손가락 지문을 찍어 봐.
이 세상에 너와 똑같은 지문을
가진 사람은 단 한 명도 없단다.

2단계 : 오른쪽 길을 따라 샘터까지 가세요.

14 샘터 근처에서 아이들이 멈추어 서자,
이자벨 선생님이 나지막한 목소리로 말했어요.
"자, 여기에 두 번째 수수께끼가 있어.
'깨끗함'과 '더러움' 가운데 피부 건강에 필요한 건 뭘까?"
"너무 쉬워요! 당연히 '깨끗함'이죠!"
릴루가 대답했어요.

왜 씻어야 할까?

피부는 살아 있기 때문에 끊임없이 새로 생겨나.
그래서 피부를 잘 돌봐야 하는 거야.
잘 씻으면 날마다 피부 표면에 쌓이는
먼지와 죽은 피부 껍질, 땀 등을 없앨 수 있단다.

몸을 씻지 않으면 피부가 만들어 낸 **피지**와
더러운 것들이 섞이게 되고,
여기에 세균이 달라붙어 이것들을 분해시킨단다.
그러면 우리 몸에서 나쁜 냄새가 날 뿐만 아니라 병에 걸릴 위험도 높아지지.

난 비누 거품이 아주 좋아!

비누로 씻고 잘 헹구지 않으면
피부가 거칠어져.

피부를 잘 돌보려면
강한 햇빛으로부터
피부를 보호해야 해.

그림 속 친구가 모자와 티셔츠,
선크림을 찾을 수 있도록 도와 줘.

3단계 : 모래 양동이가 있는 곳까지 계속 가세요.

16

"이 그림은 뭘까?"
이자벨 선생님이 묻자, 아이들은 큰 소리로 대답했어요.
"손이오!"
"그래, 바로 손이란다. 우리는 손으로 많은 것을 만지지. 그런데 언제나 깨끗한 것만 만지는 건 아냐."

왜 손을 씻어야 할까?

손에 있는 세균을 없애려면 물과 비누로 잘 씻어야 해.
손이 더러워졌을 때는 언제든지!
특히 음식을 먹기 전이나 화장실에 다녀온 뒤에는
반드시 손을 씻어야 해. 손목과 손톱도 잊지 말고
깨끗이 잘 씻어야 해.

세균이나 흙, 모래 속에 사는
아주 작은 벌레들은
우리 손톱 밑에 숨는 것을 좋아한단다.
그러니까 손톱은 되도록 짧게 깎는 것이 좋아.

만약 깎지도 않고,
저절로 부러지지도 않는다면,
손톱은 얼마나 자랄까?

- 1cm 이하
- 정확히 10cm
- 1m 이상

답 : 1m 이상. 열 달 동안이나
씻지 않은 손톱을 깎지 않은 사람이 있는데,
그 사람의 손톱은 1.2m까지 자랐어.

부스럼 때문에
괴로워!

더러운 손톱으로
부스럼을 긁으면
부스럼이 번질 수도 있어.

4단계 : 슬픈 것처럼 나뭇가지를 축 늘어뜨리고 있는 나무까지 가세요.

"우아, 수양버들이다!"

키 작은 친구가 소리치자, 이자벨 선생님이 수수께끼를 냈어요.

"나는 털이 아주 많아. 그리고 세상에서 가장 오래 된 모자이기도 하지. 나는 추위와 햇빛으로부터 너를 보호한단다. 나는 누굴까?"

"머리카락 아니에요?"

레미가 묻자, 선생님이 대답했어요.

"그래, 정답이야!"

왜 머리를 감아야 할까?

머리카락은 두피라고 하는
머리의 피부에서 만들어진단다.
머리카락은 한 달에 1센티미터 정도 자라.
그리고 날마다 얼마만큼씩 빠지는데,
대신 새 머리카락이 또 난단다.

머리카락에 붙어 있는
더러운 것들을 없애기 위해
머리를 자주 감고 잘 헹궈 줘야 해.

아악, 가려워!

머리카락 속에는 '이'라고 하는
아주 작은 벌레가 살기도 해.
이는 '서캐'라는 알을 까는데,
머리카락에 달라붙어
두피의 피를 빨아먹고 살아.
그래서 이가 생기면 머리가 몹시 가렵단다.
그러니까 얼른 이를 없애 버려야 해.

사람들의 머리카락이
다 같지는 않아.
다음 그림에서 곱슬머리,
생머리, 파마머리를
각각 가려 내 봐.

5단계 : 작은 새가 앉아 있는 바위까지 가세요.

20

바위 근처에서 릴루는 상자 하나를 발견했어요.
이자벨 선생님은 상자 뚜껑에 적혀 있는
수수께끼를 읽어 주었어요.
"우리는 칼도 아니고 가위도 아니에요.
그런데도 자를 수가 있답니다."
듣자마자 레미가 말했어요.
"알아요. 그건 이예요."
"잘했다! 답은 이란다."
이자벨 선생님이 칭찬해 주었어요.

이는 어떻게 날까?

사람은 태어난 지 6개월 정도가 되면 이가 나기 시작한단다.
2년 6개월이 될 때까지 모두 스무 개가 나는데,
이 이를 '젖니'라고 해.

젖니는 일곱 살쯤 되면
빠지기 시작하고
대신 간니가 새로 난단다.

열세 살이 되면 평생 갖고 있어야 할
이가 모두 나게 되지.
어른이 된 다음에 나는 이도 있는데,
그게 바로 사랑니야.

까치가 이를 물어 가는 모습을 보고 싶어!

빠진 이를 지붕 위로 던지면
까치가 물어 가고
새 이를 가져다 준대.

맞을까? 틀릴까?

● 처음에 난 이를 '젖니'라고
부르는 이유는 엄마 젖처럼
하얗기 때문이야.

틀려. 갓난아이 몸을 젖은 수건으로 닦아
주듯이 갓 나기 때문에 젖니라고 불러.

● 이는 음식을 먹기
위해서만 있는 게 아니야.
말할 때도 필요해.

맞아. 이는 소리내는 데 도와 중요한 역할을 하지.

22 릴루는 상자 안에서 어떤 글이 적혀 있는 종이를 하나 발견했어요.
이자벨 선생님이 아이들에게 말했어요.
"여기 그림과 함께 글이 적혀 있구나.
다 같이 읽어 보자!"

건강한 이를 가지려면 어떻게 해야 할까?

 이이 이이
 아아아아아

이는 평생 써야 하니까 정성껏 돌봐야 해. 밥을 먹고 난 뒤에는
칫솔로 이의 앞과 뒤, 그리고 구석구석까지 잘 닦아야 하지.
칫솔이 좋아야만 이 사이에 낀 음식 찌꺼기를 쉽게 없앨 수 있어.
또, 치약은 이를 보호해 주는 **플루오르**가 들어 있는 게 좋아.
음식 찌꺼기가 그대로 남아 있으면 **충치**가 생긴단다.

와삭와삭!
냠냠!

사탕이나 달콤한 음료수를
많이 먹지 마!
이에 아주 나쁜 설탕이
잔뜩 들어 있거든.
설탕은 이를 썩게 만든단다.

아래 그림들은 각각 우리 몸의
어느 부분을 닦는 데 쓰이는지 연결해 볼래?

6단계 : 미로가 있는 곳까지 가서 문제를 풀면서 나오는 길을 찾아보세요.

24

우리는 잠자지 않고
살 수 있다.

맞다.

틀리다.

균형 있는 식사를
한다는 것은 골고루
먹는 것을 말한다.

빨리 먹거나
천천히 먹는 것은
중요한 게 아니다.

맞다. 틀리다.

틀리다. 맞다.

운동을 하면
근육이 발달된다.

맞다.

틀리다.

튼튼해지려면 어떻게 해야 할까?

음식은 천천히,
꼭꼭 씹어 먹어야 소화가 잘 돼.

잠을 자는 것도 먹는 것만큼 중요해.
잠자지 않고 살 수는 없단다.

여러 가지 음식을 골고루 먹는
균형 잡힌 식사를 해야 해.
그래야 우리 몸에 필요한
모든 영양분을 고르게 섭취할 수가 있어.

근육은 우리 몸을 움직이는 데 쓰여.
근육이 없다면 움직일 수가 없단다.
먹지도, 웃지도, 숨쉬지도 못하지.
운동을 하면 근육이 잘 발달한단다.

헉헉, 운동은 정말 힘들어!

"여기 보물이 있다!"
미로를 빠져 나오자, 아이들이 다 같이 소리쳤어요.
"그런데 이게 누구지?"
릴루가 궁금해하자, 이자벨 선생님이 설명해 주었어요.
"이게 바로 건강과 위생의 신, 히기에이아야. 옛날 사람들은 몸을 건강하고 깨끗하게 지키는 방법을 몰랐어. 그래서 건강의 신인 히기에이아에게 자신들을 보호해 달라고 빌었단다."

건강의 보물

이제 우리는 히기에이아에게 건강을 빌지 않아. 건강의 보물은 이 작은 조각상이 아니라 위생이란다.

테스트

너는 튼튼해지기 위해 어떻게 하고 있니?

잠을 잘 자니?

네. 아니요.

음식을 골고루 먹니?

네. 아니요.

날마다 깨끗이 씻니?

네. 아니요.

운동을 열심히 하니?

네. 아니요.

나도 히기에이아 조각상을 가질래!

질문들에 모두 '네.'라고 대답했다면,
정말 잘하고 있는 거야!
'아니요.'가 여러 개 있다고?
그렇다면 튼튼해지기 위해서 좀더 노력해야 해!

프랑수아즈 라스투앵-포주롱 글
프랑스의 소아과 의사입니다. 일간 신문을 비롯한 다양한 매체에서
어린이 건강 교육 전문가로 활동하고 있습니다. 의사이자 어머니, 그리고 할머니로서
자신이 쌓아 온 경험을 바탕으로, 놀이를 통한 어린이 건강 교육에 힘을 쏟고 있습니다.

벵자맹 쇼 그림
프랑스 오트잘프에서 태어나, 스트라스부르 고등장식 미술학교를 졸업했습니다.
지금은 마르세유에서 어린이를 위한 그림을 그리고 있습니다.
그린 책으로 〈포멜로가 사랑에 빠졌어〉, 〈슬픈 피콜로〉, 〈우리 몸 아틀라스〉 등이 있습니다.

이효숙 옮김
연세대학교 불어불문학과를 졸업하였고, 파리 소르본 대학에서 불문학 석사와
박사 학위를 받았습니다. 지금은 연세대학교에서 강의를 하며, 번역 활동도 함께 하고 있습니다.
옮긴 책으로는 〈없는 아이〉, 〈내겐 너무 예쁜 선생님〉, 〈로즈버드〉,
〈너랑 친구하고 싶어〉 등이 있습니다.